ISBN 979-10-415-3138-7

Loi n° 49-956 du 16 juillet 1949 sur les publications destinées à la jeunesse
Novembre 2023

Ecrit par
Goku

Illustré par
Tewoz

LE PETIT SATOSHI

Et la création du Bitcoin

Il était une fois un petit renard curieux
appelé Satoshi.

Il vivait dans une forêt magique
remplie d'amis et de mystères.

Tous les animaux étaient heureux
de jouer ensemble et de partager
leurs aventures merveilleuses !

Satoshi aimait apprendre
de nouvelles choses.

Aujourd'hui, il découvre
les monnaies !

FINANCE

Satoshi se demande :
"Pourquoi avons-nous besoin
de pièces et de billets
pour échanger des choses ? "

Il prit le temps de réfléchir
longuement à cette question.

FINANCE

Quelques jours plus tard,
Satoshi rencontre son ami Hal
et lui explique une idée qu'il a eue :

" J'ai créé une nouvelle façon magique
d'échanger de l'argent.

Je l'ai appelé Bitcoin ! "

Satoshi et Hal explorent
les mines de Bitcoin.

Les bitcoins sont de précieux
morceaux de code informatique !

Combien comptes-tu d'ordinateurs ?

Satoshi et Hal rencontrent un groupe d'animaux.

"Avec un portefeuille de bitcoins sur ton téléphone, tu peux envoyer et recevoir des bitcoins comme par magie ! C'est pratique et sûr !

C'est une nouvelle façon d'échanger des trésors ! "

A ton avis, combien de Bitcoin échangent Satoshi et Hal ?

50₿

Satoshi explique à son ami Gavin
ce qu'est la blockchain.

"C'est un livre transparent et sécurisé, partagé par tout le monde. La Blockchain garde une trace de tous les mouvements de bitcoin. Ça forme une Chaîne de blocs unis entre eux"

Gavin répond :
" Ah oui, c'est comme une chaîne d'amis qui se soutiennent !"

BLOCKCHAIN
c
a
b

"La valeur du bitcoin peut changer
comme la météo !

Parfois, il peut valoir beaucoup
et d'autres fois moins.
Comme des fois, il fait beau
et d'autres fois, il pleut.

C'est passionnant de partager nos trésors avec
nos amis, peu importe la valeur !"

-5%
-20%
-10%
-30%

Satoshi et Hal montrent comment utiliser
le bitcoin pour acheter des choses.

Les oiseaux ont maintenant
un nid douillet pour leurs oisillons !

Et toi, qu'aimerais-tu acheter
avec cette monnaie Magique ?

La nouvelle s'est répandue et maintenant,
certains amis acceptent le bitcoin.
C'est pratique et rapide !

Satoshi et Hal sont fiers d'avoir créé
cette nouvelle façon de s'entraider
et de partager dans leur monde magique !

Peux-tu retrouver les magasins
qui acceptent Bitcoin dans la ville ?

bitcoin
Accepted Here
CAFE
PiZZA

Nos deux amis participent
à une conférence où des experts
parlent du Bitcoin.

Satoshi est heureux de voir
à quel point cette invention
a changé le monde !

Satoshi se sent si heureux,
entouré de ses amis qui le félicitent
pour avoir créé une nouvelle façon
magique de penser à l'argent.

En partageant cette découverte,
ils ont fait une grande différence
dans le monde !

Ce soir,
Satoshi regarde les étoiles
et se demande s'il ne doit pas s'en aller.

Il sait que de grandes choses l'attendent !
Que ferais-tu à sa place ?

Et ainsi,
Satoshi est prêt pour de nouvelles aventures,
prêt à explorer le monde et à laisser le Bitcoin
faire sa propre route seul !

Bonne route à tous,
petits explorateurs !

Dépôt Légal - Novembre 2023

Printed in France by Amazon
Brétigny-sur-Orge, FR

16210459R00020